A **Isis** y **Alex**, a **Jaime** y a **Jr.**

Muy especialmente a **Marina**, mi mamá,
quien una vez tuvo **2** barrigas.

Una mañana, la profe Sara observó
que Mario jugaba solo en el patio. Entonces le preguntó:

—¿Mario, qué te pasa? ¿Hoy no te apetece jugar con tus compañeros?

—Es que no quieren estar conmigo —respondió con aire tristón.

La profe Sara se quedó un poco preocupada, Mario era un niño muy alegre y risueño, por lo que se llevaba muy bien con todos sus compañeros y compañeras.

Esa preocupación fue en aumento al llegar a clase, pues Mario seguía con la mirada gacha, sin hablar con nadie y todos parecían evitarlo. Entonces, decidió preguntarles uno por uno por qué no querían jugar ni hablar con Mario ese día.

—Laura, ¿hoy no hablas
con Mario? —Preguntó la profe Sara.

—No —respondió Laura, muy seria—.
Me ha dicho una mentira muy
gorda y mi mamá dice que
mentir está muy feo.

Al oír esto, Pablo,
que había escuchado la conversación de Laura con la profe Sara, se acercó y dijo:
—Sí, a mí también ha intentado engañarme, pero yo como soy muy listo le he
pillado y por eso no quiero jugar con él —replicó.

—A mí también me ha mentido —dijo Andrés.

—¡Y a mí! —Gritó Aitana.

Todos sus compañeros decían exactamente lo mismo, así que la profe Sara intervino:

—Ciertamente, mentir es algo muy grave, pero no es propio de Mario.
Yo creo que deberíamos darle la oportunidad de explicarse para
comprobar si realmente os ha mentido a todos, ¿os parece?
Dicho y hecho, se dispuso a aclarar aquel entuerto.

—Mario, ¿sabes por qué tus compañeros están tan enfadados contigo?

—Sí —contestó Mario sollozando—. Dicen que soy un mentiroso, pero yo les he dicho la verdad.

—¡No es cierto! —exclamó Cecilia—. Nos ha dicho que su madre tiene tres barrigas y eso es imposible, todos tenemos una.

El resto de compañeros y compañeras asentían mientras se tocaban el ombligo.

Entonces Mario dijo:

—Pero es que es verdad... y además de tener tres barrigas, tiene tres corazones y seis ojos y tres narices y...

—¡Mentiroso!

—Interrumpió Alejandro.

En ese momento la profe Sara añadió:

—Yo creo que deberíamos dejar que Mario
se explique, ¿no creéis? Mario, ¿por qué
dices que tu madre tiene tres barrigas,
tres corazones, seis ojos y tres narices?
—Preguntó.

—Es que mi mamá está embarazada de ocho meses —dijo Mario.

—Bueno, eso nos da una respuesta razonable, ¿no creéis?
—dijo la profe Sara.

—No —reprochó Julia—. Aún así su mamá solo tiene dos barrigas, dos corazones, cuatro ojos y dos narices. Mario sigue siendo un mentiroso —agregó, muy enfadada.

—Bueno, pero es que mi mamá está
embarazada de mellizos —exclamó Mario.

Los **hermanos gemelos** duermen en
una misma habitación en la barriga de mamá,

los **mellizos** duermen en habitaciones diferentes.

¿Has comprendido la historia?

- ¿Por qué Mario estaba triste?

- ¿Qué te hace sentir triste a ti? ¿Y alegre?

- ¿Por qué los compañeros de Mario creían que les mentía?

- ¿Cómo crees que te sentirías tú si estuvieses en el lugar de Mario?

- ¿Por qué la profe Sara estaba tan preocupada?

- ¿Qué cosas hacen preocupar a tu profe? ¿Y a tu mamá? ¿Y a papá?

- ¿Crees que los compañeros de Mario deberían disculparse con él? ¿Por qué?

- ¿Crees que deberían haberle preguntado antes de enfadarse?

- ¿Crees que es importante acudir a un adulto de confianza cuando tienes un problema? ¿Tú lo haces?

- ¿Cuántas barrigas tenía la mamá de Mario? ¿Cuántos brazos?

- ¿Cuántas barrigas tienes tú? ¿Y brazos?

María M. Sánchez Otero

© María Sánchez Otero (de la obra)
©Apuleyo Ediciones (de esta edición)
Primera edición en Apuleyo Ediciones: junio 2024
Diseño de cubierta: Sofía Corzo González
Corrección: Aitor Andreu Guerrero
Maquetación: Domingo Carrasco Martín
Ilustraciones: Lina María Molina
Coordinación editorial: Isidoro Cidre González
info@apuleyoediciones.com
www.apuleyoediciones.com
ISBN: 978-84-1060-143-7
Depósito legal: H 94-2024

Hecho e impreso en España.